웃으며 지구를 지키는
어린이
에코 시민
가이드

First published in France under the title : Tous écolos!
Élise Rousseau, Robbert © 2021, La Martinière Jeunesse, une marque des Éditions de La Martinière,
57 rue Gaston Tessier, 75019 Paris
Korean translation copyright © 2022, Bookmentor Publishing Co., Ltd.

Korean translation rights are arranged with La Martinière Jeunesse, une marque des Éditions de La Martinière,
57 rue Gaston Tessier, 75019 Paris through Amo Agency, Korea.

이 책의 한국어판 저작권은 AMO 에이전시를 통해 저작권자와 독점 계약한 북멘토에 있습니다.
저작권법에 의해 한국 내에서 보호를 받는 저작물이므로 무단 전재와 무단 복제를 금합니다.

웃으며 지구를 지키는

어린이
에코 시민
가이드

엘리즈 루소 글
로베르 그림
허보미 옮김

북멘토

차례

용감한 친구들에게 __ 6
불가능이란 없다 __ 10

지구야, 잘 지내니?

남자들, 여자들, 아이들…… __ 14
지구가 뜨거워요! __ 18
인류 최대의 적, 환경 오염 __ 20
숲이 보내는 간절한 외침 __ 24
숲을 아프게 하지 말아요 __ 26
멸종 위기의 동식물 구하기 __ 30
보금자리를 잃어 가는 동물들 __ 32
바다도 안전하지 않아요 __ 36
공장식 농업은 싫어요 __ 40
지구의 미래는 어떤 모습일까요? __ 42

집에서 실천할 수 있는 친환경 생활 방법

쓰레기, 어떻게 하나요? __ 46
분리수거 제대로 하는 방법 __ 48
물이 곧 생명이에요 __ 52
에너지 절약, 어렵지 않아요 __ 56
집을 고칠 때도 환경을 생각해요 __ 58
친환경으로 식물 키우기 __ 62
유기농 제품을 먹고 있나요? __ 66
쇠고기가 환경에 미치는 황소 같은 효과 __ 68
건강이 곧 환경이에요 __ 72

지구를 지키는 에코 시민이 되려면

나는 어떤 소비자일까요? ___ 76
과소비는 이제 그만 멈춰요! ___ 80
쓸데없는 물건이 줄면, 좋은 만남이 늘어요 ___ 84
패션도 이제는 친환경으로! ___ 86
교통수단, 환경을 생각하며 이용해요 ___ 88
지속가능한 에너지를 사용해요 ___ 92
서로서로 배려해요 ___ 94
책임을 다해 환경 사랑을 실천하는 세상 ___ 96
자연을 보호하는 직업이라고요? ___ 100
직접 발로 뛰는 환경 단체 ___ 102
지구의 미래가 우리 손에 달려 있어요 ___ 106
알아 두면 좋은 온라인 사이트 ___ 108

용어 설명 ___ 110

용감한 친구들에게

아마도 환경 위기나 기후 온난화, 종의 멸종 같은 말을 귀가 따갑도록 들어 봤을 거예요. 이런 말을 들으면 어떤 기분이 드나요?

1 절망스러워요

오늘날 환경 피해는 너무 막대해요. 더는 손쓸 방법이 없다고 느껴질 정도죠. 이따금 "망했어. 끝장이야."라고 말하는 사람도 주변에서 찾아볼 수 있어요. 마치 자신이 드넓은 바다를 떠다니는 조그만 물방울처럼 몹시 힘없는 존재로 느껴질지 몰라요. 나 혼자 아무리 애써 봐야 세상은 절대 바뀌지 않을 것만 같이 느껴지죠.

2 짜증 나요

정말이지 해도 해도 너무하잖아! 때로는 짜증이 치밀 거예요. 지구를 망가뜨린 건 여러분이 아니잖아요. 어른들의 잘못이죠. 대체 어쩌자고 어른들은 지구를 이 지경으로 망가뜨린 걸까요?

무시하고 싶어요

에잇, 골치 아파. 복잡한 문제는 잊어버리자고!
지구의 상황이 나날이 심각해지고 있는데도
자꾸만 귀를 닫고 딴생각을 하고 싶어지죠.

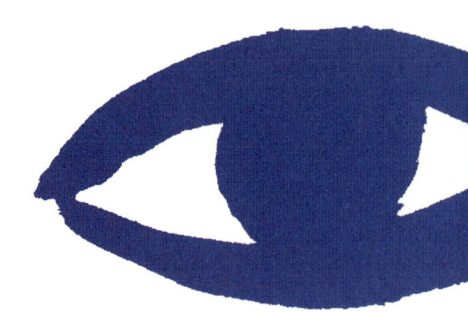

믿음이 사라져요

정치인이나 어른들이 마치 사기꾼처럼 느껴져요.
말만 번지르르하게 할 뿐 정말로 미래 세대를
걱정하는 마음이 있기나 한 건지 의심스럽죠.

관심이 없어요

지금 어떤 문제가 일어나고 있는지 정확히 알지 못해요.
솔직히 환경 문제에 관심을 두기보다 신나게 뛰어노는 게
더 재밌죠. 하지만 환경은 우리 삶에 어마어마한 영향을 미치는
중요한 문제잖아요. 그렇지 않나요, 어린이 여러분?

화가 나요

어른들은 예나 지금이나 환경 문제에 대해서라면
손톱만큼도 아는 게 없는 것만 같아요.
정말 제정신인 걸까요!

당연해요

복잡한 감정을 느끼는 건 너무 당연해요! 온종일 걱정스러운 뉴스를 듣다 보면 마음이 혼란스러워지죠. 지구를 살릴 수 있는 좋은 정책을 실행 중이라는 얘기는 어디서도 들어 볼 수 없으니까요. 물론 예전보다 더 많은 대책이 나오고 있는 건 사실이에요. 그래도 여전히 문제를 해결하기에는 부족하기만 하죠. 우리에게는 과연 세상을 변화시킬 힘이 있는 걸까요?

불가능이란 없다

우리가 지구를 살리고, 멸종 위기에 처한 동물을 구하고, 바다를 깨끗하게 보존할 수 있을까요? 물론 인간이 지금껏 어리석은 행동으로 무참히 파괴한 환경을 이전 상태로 깨끗하게 되돌릴 수는 없어요. 하지만 적어도 지금보다 피해 정도를 줄일 수는 있지요. 아직 늦지 않았어요. 우리는 해낼 수 있어요! 지금 당장 힘을 모아 행동에 나서기만 한다면요!

"지구의 미래가 곧 인간의 미래예요. 지구를 보호하는 건 매우 중요한 일이죠. 우리에게 지구는 단 하나뿐인 소중한 존재니까요."

티투앙, 10살

"어른들에게 환경 점수를 매기라면 20점 만점에 3점을 주겠어요! 어리석은 어른들이 망쳐 놓은 지구를 우리 어린이가 고스란히 물려받게 생겼잖아요. 이런 상황은 제발 바뀌어야 해요!"

마엘, 12살

"동식물이 없다면 인간도 살아갈 수 없어요. 동식물을 보호하기 위해 모든 노력을 다해야만 하죠."

사샤, 8살

어린이도 환경에 대해 말할 자격이 있나요?

어른이 지구를 함부로 대한다고 느껴질 때가 많을 거예요. 제발 조금만 더 환경을 생각해 달라는 말이 목구멍까지 올라오지요. 어린이 여러분은 어른들에게 말할 자격이 충분해요. 왜냐고요?

첫째, 어린이는 환경에 대해 말할 **권리가 있어요.** 어린이도 지구에 사는 주민이고, 우리의 미래가 걸린 일이니까요.

둘째, 어린이는 깨끗한 지구에서 살아갈 **권리를 누려야 해요.** 어른의 잘못으로 동식물이 멸종된 세계에서는 살아갈 수 없으니까요.

일상에서 실천해요

이 책은 현재 지구가 어떤 문제를 겪고 있는지, 또 어떻게 하면 우리가 지구를 보호할 수 있는지 쉽게 이해할 수 있도록 도와줄 거예요. 우리가 일상생활에서 실천할 수 있는 일은 생각보다 많아요. 나무 한 그루를 손수 심어 볼 수도 있고요. 분리수거를 열심히 실천하거나 새가 편히 쉴 수 있는 안락한 둥지를 만들어 줄 수도 있지요. 그럼, 이제부터 환경 사랑을 실천해 볼까요. 열심히 노력하고 있다는 생각에 마음이 뿌듯해질 거예요. 비로소 세상을 바꿀 수 있다는 희망이 퐁퐁 샘솟을 거예요.

지구야, 잘 지내니?

날마다 텔레비전과 라디오, 신문에서
나쁜 소식이 끝없이 흘러나와요.
두 손 놓고 안타까워하는 대신,
직접 두 팔을 걷어 보는 건 어떨까요?
우리 함께 지구를 보살피는 일에 앞장서 봐요.
지구에 사는 동식물과 인간을 구하는 일에
힘을 보태 보자고요!

남자들, 여자들, 아이들……?

최근 세계 인구는 놀랄 만큼 급증했어요.
이 모든 사람이 함께 살아가기에는
지구가 너무 비좁은 것이 아닐까요?

통계 수치

- 지구에 사는 사람은 **77억여 명**에 달해요.
  (1900년에는 15억여 명에 불과했지요)
- 10년 뒤 지구에는 무려 **85억여 명**의 인구가 살 것이라고 예상해요.
- 매일 전 세계 인구가 **22만 7,000여 명** 이상씩 증가하고 있어요.

지나치게 인구가 늘면 위험해요!

인구가 늘어날수록 상품을 소비하는 사람도 증가해요(지금도 전 세계 휴대폰 가입자 수는 무려 74억여 명에 달해요). 하지만 지구의 자원은 절대 무한하지가 않죠. 게다가 늘어난 인구만큼 새집도 지어야 해요. 어쩔 수 없이 더 많은 콘크리트 땅이 자연을 침범하게 될 거예요. 2018년 프랑스 사람들이 건물을 짓기 위해 갈아엎은 농지가 5만 5,000헥타르에 달한다고 해요. 어떤 해에는 농지 8만 2,000헥타르가 신기루처럼 사라지기도 했죠!

인구 증가를 막을 방법이 있나요?

중국은 인구 증가를 막기 위해 아이를 단 한 명만 낳도록
강요했어요. 하지만 2015년 한 자녀 정책을 중단했지요.
인구 억제책이 결코 좋은 해결책이 아니었던 거죠.
그렇다면 강제적인 방법 말고 다른 방법은 없을까요?
여자가 제대로 된 교육을 받고, 피임법을 익히고,
평등한 대접을 받으며 살아가는 사회에서는
자녀를 더 적게 낳는다고 해요.
여자가 남자와 동등한 권리를 누리는 것이 중요해요.
억지로 세상에 끌려다니는 게 아니라, 여성 스스로
원하는 삶을 결정지을 수 있어야 해요.

지구가 뜨거워요!

'지구 온난화'라는 말을 귀가 닳도록 들어 봤을 거예요. 그런데 지구 온난화가 정확히 무엇인지 알고 있나요? 다음 세 가지 질문을 통해 지구 온난화가 무엇인지 자세히 살펴봐요.

지구 온난화는 언제 시작되었나요?

지구의 온도는 19세기 말부터 계속해서 높아지기 시작했어요. 그전에 지구의 온도는 수천 년 동안 변화를 거듭했어요. 추운 빙하기와 따뜻한 간빙기가 번갈아 나타나며 지구가 얼어붙었다 녹기를 반복했지요. 하지만 어느 순간부터 상황이 완전히 달라졌어요. 인간의 활동과 지나친 인구 증가로 인해 기후가 변화한 거예요. 결코 자연스러운 현상이라고는 볼 수 없죠.

지구 온난화는 어떻게 발생하나요?

지구 온난화는 온실 효과로 발생해요. 온실 효과는 자연 현상 중 하나예요. 지구는 태양의 열기를 받아 온도가 상승하는데, 열기가 밖으로 빠져나가지 않게 온실가스가 태양의 열기를 지구 안에 가두어요. 마치 거대한 온실처럼요. 만약 온실가스 없었다면, 지구의 평균 온도는 영하 18도 정도였을 거라고 해요. 정말 춥겠죠. 그런데 1850년부터 인간의 활동으로 인해 온실가스가 너무 많이 생겨났어요. 더는 지구가 감당할 수 없을 정도로 말이에요. 그만큼 지구의 온도도 상승했죠.

지구 온난화는
왜 문제가 되나요?

지구의 온도가 조금만 높아져도 자연의 균형이
깨져요. 먼저 빙하(육지를 덮고 있는 얼음층)와
빙산(물에 떠 있는 얼음 조각)이 녹아내리면서
해수면(바닷물의 높이)이 높아지죠. 반대로
어떤 지역은 물 부족으로 땅이 바싹 말라붙고요.
사하라 사막과 같은 사막 지대가 점점 넓어지는 게
그 한 예이지요. 홍수나 폭염, 태풍 같은
이상 기후 현상도 점점 더 빈번히 일어나고 있고요.

많은 동식물이 기후 변화에 적응하지 못하고
멸종하고 있어요. 그 바람에 굶주리는 사람이
늘어나고 무서운 전염병이 퍼지고 사람들끼리
무시무시한 전쟁을 벌이기도 하죠.

인류 최대의 적, 환경 오염

우리는 환경 오염이란 말을 거의 매일 들으며 살아가요. 여기서 잠시 환경 오염에 얽힌 몇 가지 오해와 진실에 대해 살펴볼까요?

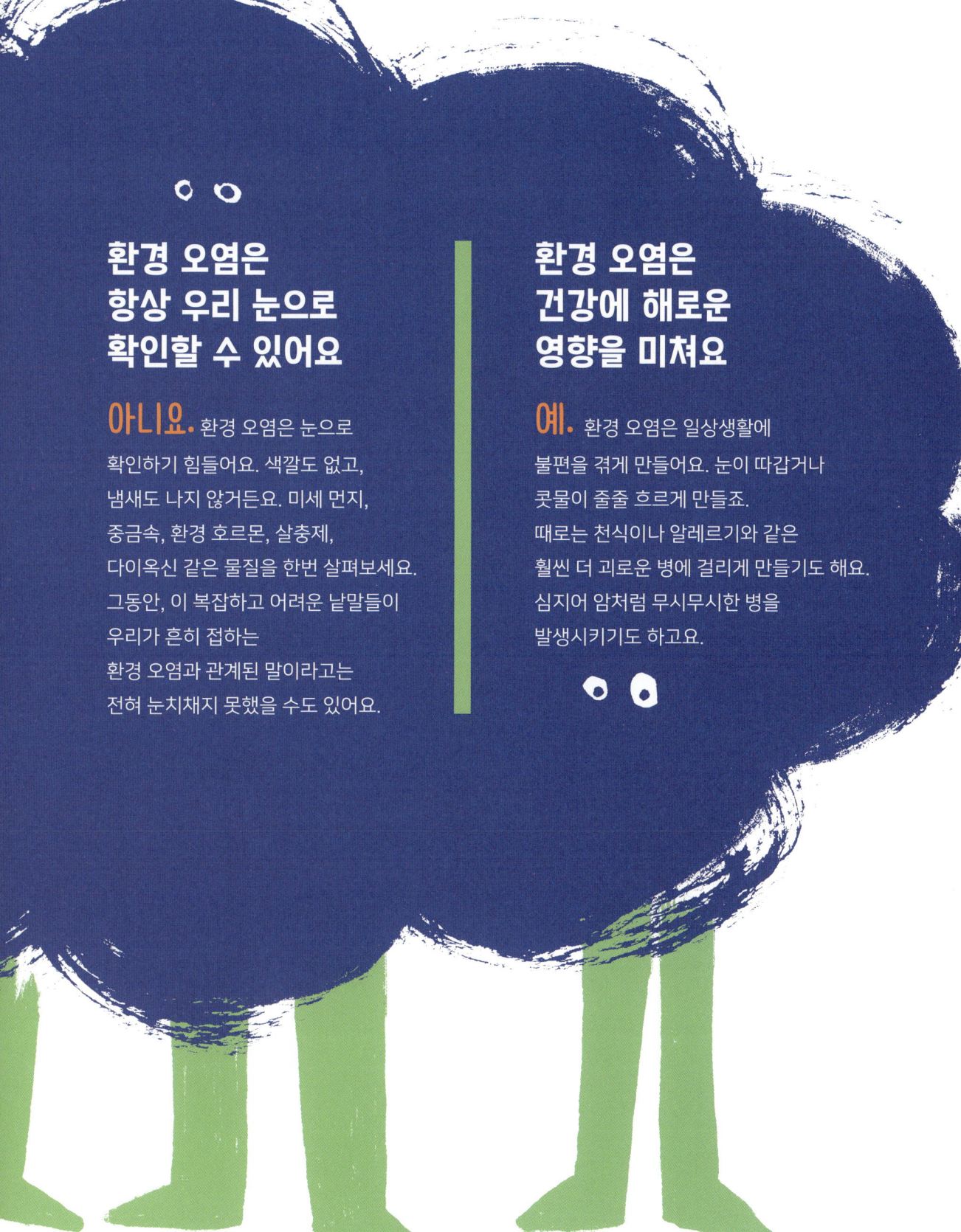

대기 오염은 나날이 더 심해져요

예. 대기 오염이 심한 날이라 외출을 자제하라는 안내 방송을
들어 본 적이 있을 거예요. 옥외 운동을 삼가고, 자가용 대신 대중교통을
이용하라고 당부하는 말도요. 이런 안내 방송이 시작된 건 아주 최근이에요.
그전에는 공기가 맑아서, 건강을 염려할 필요가 없었거든요.

하천과 땅이 오염 물질을 흡수해요

아니요. 하천과 땅은 오염 물질을 없앨 수 없어요. 오히려 오염 물질이
땅에 스미거나, 강을 따라 흘러가며 주변에 해로운 영향을 끼치죠.
하천은 주로 공장을 돌리거나 농부가 농사지으며 배출한
수많은 유해 물질로 인해 오염돼요.

원자력 폐기물은
최악의 오염 물질이에요

예. 원자력 발전소에서 배출된 폐기물은 안전한 물질로 재처리하기가 매우 어려워요.
원자력 폐기물의 해로운 물질이 완전히 사라지기까지 수천 년이 걸리기도 하죠.
그래서 어쩔 수 없이 원자력 폐기물을 차곡차곡 쌓아 두기만 해요.
문제 해결을 미래 세대에게 떠넘기는 것이죠. 게다가 원자력 발전소가 폭발하거나
발전소에서 방사능 유출 사고가 일어나기라도 하면 어떡할까요?
우크라이나의 체르노빌이나 일본의 후쿠시마에서 발생한 원자력 사고처럼요.
발전소 주변의 환경은 수천 년에 걸쳐 오염된 상태로 방치될 것이고,
수백만 명이 아프거나 목숨을 잃게 될 수 있어요.

오염 해결사, 공기 정화 식물!

선인장, 담쟁이, 무화과나무 같은 식물은 실내 공기 속을 떠다니는 일부 오염 물질을 흡수해요. 덤으로 집 안도 예쁘게 꾸며 주죠!

숲이 보내는 간절한 외침

인간은 농사를 짓고, 땔감을 구하고, 공장을 돌리겠다며 마구잡이로 숲을 파괴해요. 어떻게 하면 무분별한 산림 벌채를 막을 수 있을까요?

"원주민에게 땅을 빼앗는 건 서부 영화에나 나오는 이야기가 아니에요. 현대인도 아마존 숲을 파괴하며 원주민의 보금자리를 빼앗고 있잖아요."

루나, 12살

통계 수치로 살펴본 산림 벌채

오늘날 전 세계적으로 1초마다 축구장 하나 크기의 숲이 파괴되고 있어요. 매해 사라지는 숲의 크기는 1300만에서 1500만 헥타르에 달해요. 특히, 오랜 시간에 거쳐 만들어진 원시림이 점점 자취를 감추고 있어요. 원시림은 수많은 동식물의 오랜 안식처이기도 하지요. 그런데도 나무를 베어 낸 자리에 다시 나무를 심어 숲을 보존하려는 노력은 여전히 부족해요. 전 세계 숲의 절반은 20세기에 파괴되었어요. 지구가 원래 가지고 있던 숲의 80퍼센트가 사라진 상태예요.

지구의 허파

산림 벌채는 수천 종의 동식물을 위험에 빠뜨리고 있어요.
인간의 삶도 위태롭게 만들고 있죠. 우리는 숲을 보호해야 해요.
숲이 지구에 사는 모든 생명체의 생존에 매우 중요한 역할을 하기 때문이에요.
숲은 공기 중의 이산화탄소를 흡수하고 산소를 배출하여
모든 생명체가 숨을 쉴 수 있도록 도와줘요.

햄버거가 대체 숲이랑 무슨 관계죠?

남아메리카에서는 대두를 경작할 땅을 마련하기 위해 숲을 파괴해요. 대두는 가축의 사료인데, 특히 햄버거 패티의 원료인 소를 기르는 데 널리 사용되죠.

숲을 아프게 하지 말아요

아직 늦지 않았어요.
지금도 충분히 숲을 보존할 수 있어요.
우리 모두 숲을 보호하기 위해
어떤 일을 할 수 있는지
함께 살펴봐요.

"전 세계 숲이 빠른 속도로 파괴되고 있어요. 우리 할아버지가 그러시는데, 우리 모두 나무 한 그루씩은 꼭 심어야 한대요."

테오, 13살

"우리 가족은 숲을 보호하는 단체에서 활동하거나 돈을 기부하고 있어요."

캉탱, 9살

"새 학기 준비물로 재생지로 된 공책만 샀어요."

잔느, 11살

사회가 실천할 수 있는 일

오늘날 마구잡이로 파괴되고 있는 아마존 숲을 좀 보세요.
산림 벌채는 집약 농업이나 축산업과 무척 관계가 깊어요. 숲을 보호하기 위해서는,
무엇보다 지금의 농업을 획기적으로 바꾸는 게 절실하죠. 특히, 오랜 시간에 걸쳐
숲을 잘 관리할 필요가 있어요. 원시림의 나무는 베어 내지 못하게 금지해야 하고요.
이 모든 일이 가능해지려면 시민이 법을 잘 지키는 사회를 만들어야만 해요.

내가 실천할 수 있는 일

종이 사용을 줄여 봐요.

➜ 부모님께 친환경 종이나 재생 화장지,
　재생 키친타월을 쓰자고 말씀드려요.

➜ 일회용품(일회용 티슈, 종이컵, 종이 접시, 종이 식탁보 등)
　사용을 최대한 줄여요.

➜ 야자나무에서 짜낸 팜유로 만든 제품
　(때로는 초콜릿 파이에도 팜유가 들어가요)은
　절대 사지 않아요. 농부가 야자나무를 키우기 위해
　어쩔 수 없이 숲의 나무를 베어 내거든요.

➜ 흑단(에보니), 마호가니같이 열대 숲에서
　자라나는 나무 원목은 사용하지 않아요.

➜ 종이는 항상 뒷면까지 꼼꼼히 사용해요.

➜ 간단한 메모는 이면지를 활용해요.

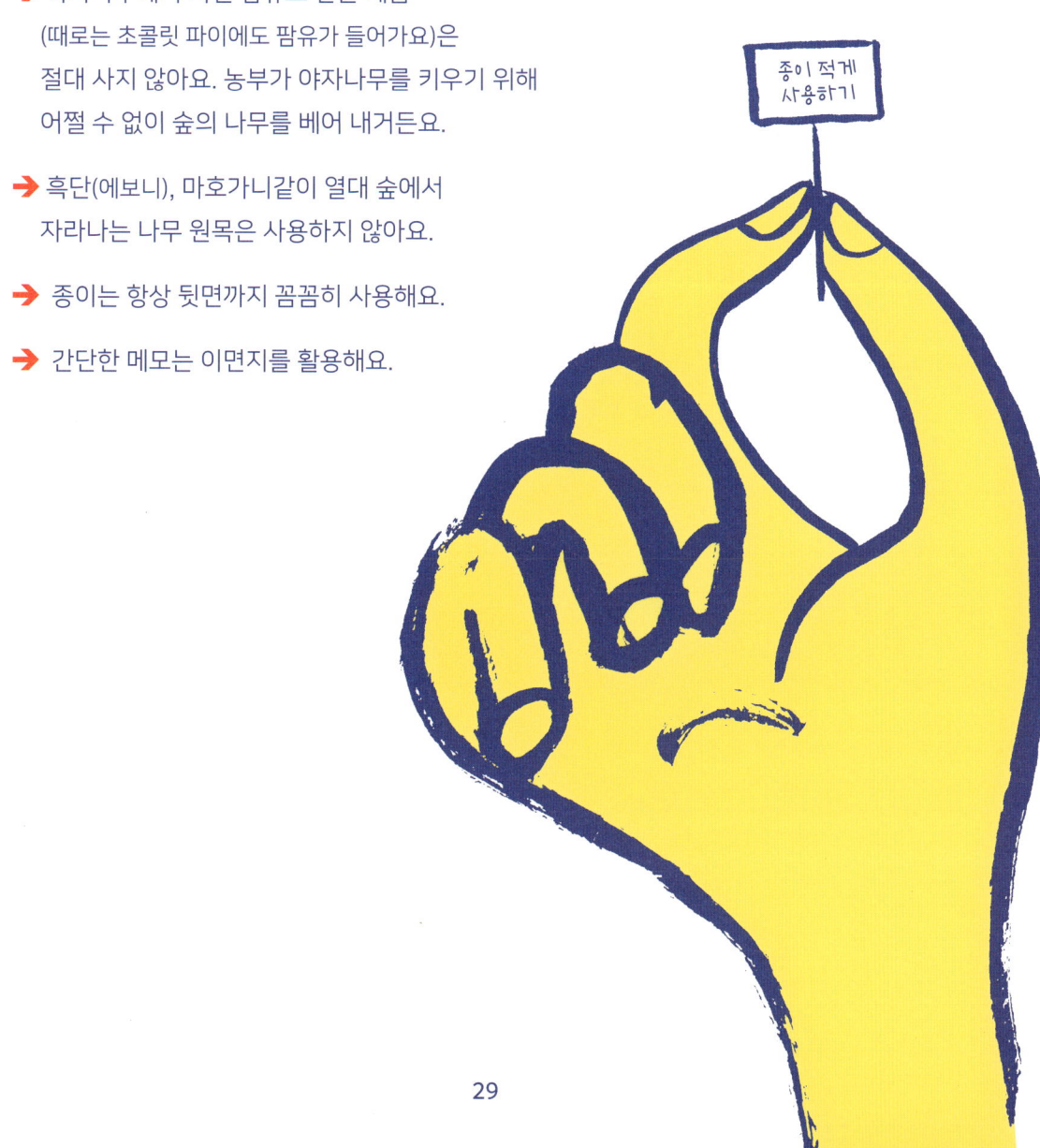

멸종 위기의 동식물 구하기

과거에서
예를 찾아보기 힘들 정도로
오늘날 너무 많은 동식물이
멸종하고 있어요.
대체 이유가 무엇인지
여러분은 알고 있나요?

동식물의
멸종을 막아야 해요

지난 역사를 되돌아보면 지구 동식물이 대멸종한 예가 종종 있어요. 공룡이 대표적이지요. 공룡은 지구에 운석이 떨어지거나 화산이 폭발해 멸종한 것으로 추측해요. 공룡은 이렇게 자연의 힘으로 멸종되었어요. 반면 지금은 인간의 잘못으로 너무 많은 동식물이 멸종하고 있다고 과학자들은 걱정하죠. 인간이 일으킨 환경 오염과 지구 온난화, 무분별한 남획으로 걱정스러울 만큼 많은 생물 종이 대대적으로 멸종하고 있거든요.

멸종 위기의 동물

➜ 양서류 종(개구리, 도롱뇽 등)의 **41퍼센트**
➜ 포유류 종(판다, 고릴라 등)의 **26퍼센트**
➜ 조류 종(시베리아흰두루미 등)의 **8분의 1**

그 밖에도 20세기에 이미 생물 수천 종이 지구에서 사라졌어요. 대표적인 예가 태즈메이니아주머니늑대 (태즈메이니아 호랑이라고도 불려요)이지요.

동식물의 멸종을 막을 방법은 무엇인가요?

세계 자연 기금(WWF), 조류 보호 연대(LPO), 그린피스와 같은 환경 단체에 가입해 각종 자연 보호 활동에 힘을 보태는 거예요. 환경 단체는 누구보다도 지구 생물의 멸종을 막기 위해 가장 열심히 활동하고 있거든요. 최근 수십 년 동안, 이 환경 지킴이들은 일부 동물을 멸종 위기에서 구해 냈어요. 프랑스에서는 환경 단체의 노력으로 매를 비롯한 각종 맹금류가 멸종 위기를 벗어났지요. 그동안 사람들이 마구잡이로 사냥하는 통에 맹금류의 씨가 말랐었거든요. 하지만 엄격하게 관리하고 보호한 덕분에 맹금류는 멸종 사태를 피할 수 있었죠. 심지어 이제는 서식지를 떠났던 새들이 되돌아올 정도랍니다. 하지만 이것은 어디까지나 일시적인 현상에 불과할 수 있어요. 언제든 멸종 위기가 또다시 찾아올 수 있죠. 그러나 이번 경험으로 우리가 열심히 노력한다면, 멸종 위기에 처한 동물을 구하고 보존할 수 있다는 사실을 깨달았어요!

보금자리를 잃어 가는 동물들

오늘날 많은 동물이 서식지를 잃고 점차 우리 주변에서 자취를 감추고 있어요. 어떻게 해야 동물의 멸종을 막을 수 있을까요?

멈춰야 해요
집약 농업

많은 돈과 노동력을 들여 최대한 수확량을 늘리고 수익을 높이는 농업 방식을 '집약 농업'이라고 해요. 하지만 농약을 잔뜩 뿌린 울타리 없는 드넓은 경작지는 메마른 사막이나 마찬가지예요. 다양한 동식물이 서식하기 힘든 황폐한 땅이지요.

해결 방법은?
'조방 농업'이라고 부르는
친환경 유기 농법으로 농사를 짓는 거예요.

막아야 해요
생태계 파괴

같은 자연환경 속에서 서로 영향을 미치며 살아가는 모든 생명체를
'생태계'라고 해요. 예를 들어, 숲에는 숲 생태계란 게 있어요.
생태계는 언제 깨질지 모르는 아슬아슬한 균형 상태에 의해 유지되죠.
조금이라도 균형이 흐트러지는 순간, 모든 것이 와르르 무너질 수 있어요.

해결 방법은?
무분별한 도시 개발과 환경 오염, 산림 파괴, 지구 온난화를 해결해야 해요. 그리고 이 모든 문제의 근원인 과잉 소비도 바로잡아야 하죠. 사람들의 무분별한 소비로 동물과 인간이 살아가는 터전이 파괴되고 훼손되었거든요.

막아야 해요
동물 서식지 파괴

인간은 건물을 짓고 도로를 내기 위해
동물의 서식지를 조각조각 쪼개거나 파괴해요.

해결 방법은?

새로운 건물과 도로를 만들기 전에 미리 환경 영향을 예측하고,
동물이 지나다닐 수 있는 통로를 마련해요.

막아야 해요
습지대가 없어지는 것

오늘날 늪이나 연못 같은 습지대가 점점 줄어들고 있어요.
습지대는 동식물에 매우 중요한 환경인데 말이죠.

해결 방법은?

물을 빼내거나, 흙으로 덮는 등의
습지대의 환경을 오염시키는 행위를 중단해야 해요.

외래종의 침입

종종 다른 대륙에서 자라나는 식물이나 동물을 자기 집에 들여와 키우는 사람들이 있어요. 외래종은 본래 환경이 아닌 곳에서는 잘 자라나지 못해요. 설사 새로운 환경에 적응해 살아남더라도 토종 동식물을 공격하거나 파괴할 위험이 크지요. 이런 재앙을 피하려면 처음부터 외래종을 집에 들이지 말아야 해요. 플로리다붉은배거북 같은 열대 동물도 사지 말아야 하고요. 오로지 정원에는 토종 식물만 가꾸세요.

바다도 안전하지 않아요

끝없이 펼쳐진
광활한 푸른 바다.
생각만 해도 너무
아름답지 않나요?
하지만 아름다운 바다도
큰 위험에 처해 있어요.
지금 당장 행동에
나서야 해요!

바다도 위험해요

지구 온난화로 극지방에서 빙하가 녹아내리면서
바다 생태계가 위협받고 있어요. 무분별한 남획으로
어류 개체 수도 급격히 줄어들고 있지요.
일본을 비롯한 몇몇 나라들은 지금도 고래나 돌고래
잡는 것을 허용해요. 바다도 결코 안전지대가 아닌 셈이지요.
하지만 바다 환경도 충분히 보존할 수 있어요.
이제라도 우리가 바다의 중요성을 깨닫고
바다를 보호하는 일에 앞장서기만 한다면요.

식탁에 어떤 생선을 올릴까요?

무분별한 남획을 막을 수 있는 가장 좋은 방법은, 마구잡이로 잡은 생선을 사 먹지 않는 거예요. 전통적인 방식으로 잡은 생선만 식탁에 올리고요. 통조림을 살 때도 환경 기준에 맞게 잡은 어류임을 확인해 주는 인증 마크가 붙은 제품을 사요. 양식어는 친환경 방식으로 기른 것을 선택하면 좋아요. 또한, 내가 먹는 물고기에 대한 정보를 자주 찾아보고, 되도록 멸종 위험이 낮은 정어리, 고등어, 민대구 같은 생선을 먹도록 해요. 양식장에서 친환경 방법으로 기른 송어도 좋고요.
하지만 온갖 환경 오염을 발생시키며 무분별하게 남획되고 있는 참치나 연어 같은 생선은 가급적 피하는 게 좋아요. 멸치, 뱀장어, 생대구나 말린 대구, 아귀, 황새치도 마찬가지고요.

좀 더 자세히 알아봐요!

참다랑어를 비롯한 멸종 위기종의 남획을 막기 위해 '쿼터제'를 실시하고 있어요. 어부가 잡을 수 있는 어획량을 제한하는 거예요. 정해진 어획량을 지키지 않는 경우 벌을 주어요. 아주 바람직한 제도라고 볼 수 있죠. 하지만 지금 운영되는 쿼터제는 너무 느슨한 감이 있어요. 조금이라도 상황이 나아지는가 싶으면 금세 기준을 확 낮춰 버리거든요. 위험에 처한 어종의 개체 수가 확실하게 늘어날 때까지 지속해서 기준을 적용할 필요가 있어요.

기름 둥둥 바다는 싫어요!

검은 기름을 온몸에 뒤집어쓴 새, 문을 닫은 해수욕장, 수십 년이 지나도 해결되지 않는 해양 오염. 이런 끔찍한 재앙은 주로 남몰래 바다에 기름을 흘려보내는 배 때문에 일어나요. 법에 어긋나는 행위인 줄 알면서도 돈을 들이지 않고 연료통을 깨끗이 청소하겠다며 이런 끔찍한 불법 행위를 저지르는 것이죠.

공장식 농업은 싫어요

공장식 농업은
땅이나 물, 공기를
오염시켜요.
인간의 건강에도
해로운 영향을 미치죠.
공장식 농업을 대신할
다른 방법은
없는 걸까요?

"우리 할머니가 그러시는데 예전에는 들에 나가면 물총새나 종달새가 지천으로 널렸었대요. 요즘은 좀처럼 찾아보기 힘든데 말이죠. 작물이 쑥쑥 잘 자라나라고 온갖 해로운 물질을 뿌려 대는 바람에 땅이 오염된 탓이래요."

샤를린, 9살

"소는 풀을 먹고 살아야 해요. 대두나 밀가루, 항생제가 아니고요."

로라, 12살

유기농 만세!

공장식 농업(산업형 농업) 하면, 비좁은 닭장 안에 있는 수많은 닭 모습이 생각날 거예요. 혹은, 수십 년씩 땅을 오염시키고 때로는 사람들까지 병들게 하는 각종 화학 비료와 농약이 떠오르죠. 그런데 공장식 농업의 대안은 그리 먼 곳에 있지 않아요. 신토불이 유기 농법으로 농사를 지으면 돼요. 자연을 보전하고, 동물이 더 나은 삶을 살 수 있도록 배려하는 농법이에요. 유기 농법으로 농사짓는 농부는 화학 제품이나 인공 염료, 인공 향을 사용하지 않아요. 게다가 유기 농법으로 생산한 농산물은 맛도 끝내준답니다!

꿀벌이 필요해요!

살충제나 각종 환경 오염으로 꿀벌이 점점 우리 주변에서 자취를 감추고 있어요. 꿀벌은 꽃에서 꽃으로 날아다니며 꽃가루를 옮겨 주어요. 그 덕분에 식물은 열매를 맺을 수 있죠. 우리가 먹는 채소나 과일이 바로 그 열매예요. 사람들은 아직 꿀벌의 역할을 대체할 방법을 찾아내지 못했어요. 꿀벌을 이제라도 보호하려면 하루빨리 살충제 사용을 금지하거나 줄여야 해요.

지구의 미래는 어떤 모습일까요?

미래의 지구 환경에 얽힌
몇 가지 오해와 진실을 함께 살펴봐요.

공장식 농업은 수십억 명에 달하는 미래 인류를 먹여 살릴 유일한 길이에요

아니요. 공장식 농업은 오히려 인류의 미래를 위태롭게 해요.
땅을 황폐하게 만들고, 꿀벌을 멸종 위기로 내몰고 있으니까요.
이렇게 계속 공장식 농업이 지속된다면, 되레 굶주리는 사람이
늘어날 거라고 농부들은 걱정해요. 지금이라도 자연을 존중하는 농업으로
돌아가야 해요. 같은 땅에 일 년 내내 농사지어 땅을 혹사하는 대신,
땅에 쉴 시간을 주어야 해요. 그래야 땅이 오래도록
비옥함을 유지할 수 있어요.

하루아침에 멸종하는 생물 종도 있어요

네. 아메리카의 여행비둘기(나그네비둘기)가 눈 깜짝할 사이에 멸종됐어요. 여행비둘기는 흔한 새였는데, 사람들이 마구잡이로 잡아 대는 바람에 완전히 씨가 말라 버린 거예요. 마지막 남은 여행비둘기조차 1914년에 숨을 거뒀어요. 멸종을 막으려는 모든 노력이 하루아침에 물거품으로 돌아가는 순간이었죠. 한 생물 종의 개체 수가 한꺼번에 너무 많이 사라지면, 그 종을 복원하기가 힘들어요. 결국 완전한 멸종 사태를 피해 갈 수 없지요. 과학자들은 다른 동물 종에서도 비슷한 일이 일어날까 봐 걱정이 이만저만이 아니에요.

우주선을 발명해 다른 행성으로 옮겨 갈 수 있어요

아니요. 영화에서는 자주 볼 수 있는 장면이에요. 하지만 안타깝게도 아직 인간은 지구 밖에서 생존할 수 있는 기술이 없어요. 아주 먼 미래에나 가능할 법한 일이죠. 인간이 지금껏 우주 밖으로 나가 본 것은 달 정도예요. 그나마 달을 탐험해 본 사람도 극소수에 불과하죠. 우주로 가는 것은 아주 복잡하고 어려운 일이니까요. 현실은 공상 과학 영화와는 전혀 달라요. 우리에게 지구는 세상에 단 하나뿐인 소중한 별이에요. 지금부터라도 지구를 아끼도록 노력해야 해요.

집에서 실천할 수 있는 친환경 생활 방법

쓰레기, 어떻게 하나요?

"노란색이 아니라 초록색 분리수거 통에 버려야지!"
쓰레기를 분리수거 통에 제대로 넣지 못해서 부모님께 번번이 잔소리 듣기가 지겹지 않나요?
우리 함께 간단한 분리배출 요령을 알아봐요.

재활용 수거통에 버려야 하는 쓰레기

➔ 종이, 신문, 잡지, 전단
  (단, 플라스틱 필름을 입힌 종이는 예외예요)

➔ 박스, 우유 팩, 주스 팩
  (우유 팩이나 주스 팩은 깨끗이 씻어서 버려야 해요)

➔ 페트병, 플라스틱 통
  (뚜껑과 함께 버려요)

➔ 금속 재질 용기
  (알루미늄도 금속이라는 거 아시죠?)

➔ 유리 음료수병과 기타 병류

일반 쓰레기 수거통

➔ 분리할 필요가 없는 그 외 모든 쓰레기

왜 쓰레기를 분리해야 하나요?

전 세계에서 하루에 수십억 킬로그램의 쓰레기가 나와요.
날마다 나오는 이 어마어마한 쓰레기를 어떻게 처리할까요?
차곡차곡 쓰레기장에 쌓아 두거나, 재활용하거나, 불에 태워 소각하죠.
하지만 불행하게도 이 과정에서 어마어마한 오염 물질이 발생해요.
한국인의 1인당 하루 쓰레기 발생량도 1.09킬로그램(2019년 기준)이나 되어요.
정말 어마어마하죠. 이제 정말 쓰레기를 줄이지 않으면 지구는 쓰레기로 뒤덮일지 몰라요.

여러분은 알고 있나요?

유기물 쓰레기를 썩히면 아주 훌륭한 퇴비가 돼요. 퇴비는 식물에 영양분을 공급하며 아주 훌륭한 비료 역할을 할 수 있죠. 퇴비는 과일이나 채소 껍질, 키친타월, 커피 찌꺼기, 달걀 껍데기 따위를 썩혀서 만들어요.

분리수거 제대로 하는 방법

분리수거는
일상생활에서 피할 수 없어요.
거의 모든 사람이 분리수거를 하죠.
그런데 여러분은
쓰레기 분리배출 방법에 대해
잘 알고 있나요?
우리 함께 점검해 봐요.

유리   플라스틱   종이

다 쓴 건전지는 어떻게 처리하나요?

㉮ 재활용 쓰레기 수거통에 넣어요. 건전지도 금속이잖아요, 그렇지 않나요?
㉯ 일반 쓰레기 수거통(종량제 봉투)에 버려요.
㉰ 나중에 재활용할 수 있도록 건전지만 따로 모아요.

음료수 캔이 분해되기까지 시간이 얼마나 걸리나요?

㉮ 6개월~5년
㉯ 5~10년
㉰ 10~100년

바나나 껍질은 어디에 버리나요?

㉮ 그냥 땅바닥에 버려요. 바나나 껍질은 자연적으로 분해되잖아요, 그렇지 않나요?
㉯ 일반 쓰레기통(종량제 봉투)에 버려요.
㉰ 퇴비 통에 넣어요.

다 씹은 껌은 어떻게 하나요?

㉮ 그냥 땅바닥에 버려요. 작아서 눈에 띄지 않잖아요. 알아서 자연적으로 분해될 거예요.
㉯ 쓰레기통에 버려요.
㉰ 재활용 수거통에 버려요. 시간이 지나 딱딱해진 껌은 플라스틱과 생김새가 비슷하잖아요.

질문

다 쓴 건전지는 어떻게 처리하나요?

건전지를 재활용하지 않고 그냥 쓰레기통에 버려요. 건전지를 수거하는 곳도 별로 없고, 주변 동료들은 건전지를 재활용할 수 있다는 것도 잘 몰라요.

음료수 캔을 분리해 버리지 않아서 곯아난 적은 없나요?

음료수 캔이 자원에서 완전히 사라지기까지는 아주 오랜 시간이 걸리죠. 그러니까 재대로 재활용이 가능한 쓰레기통을 사용하는 게 좋죠.

바나나 껍질은 어디에 버리나요?

바나나나 다른 과일들이다 길이 음식물 쓰레기에요. 그래서 바나나 껍질은 음식물 쓰레기통에 버려요. 잘 썩혀서 농작물 비료로 쓸 수 있고, 물론 음식물 쓰레기 처리기까지 마련되어지고요.

다 읽은 신문은 어떻게 하나요?

다 읽은 신문과 잡지 같은 재활용 용지들은 모두어 두었다가 분리수거일에 따로 놓아요. 혹시 잡지 같은 종이에 이물질이 묻으면 모두 꺼내어서 쓰레기통에 버리는 수밖에 없어요. 그리고 상자들도 사람들이 재활용 용지와 같이 놓는 것도 잊지 않아요.

알아 두면 쓸모 있는 상식!

→ 식품을 살 때는 되도록 포장이 안 된 제품을 골라요.

→ 물건은 되도록 수선해서 써요. 구멍 난 양말은 바늘로 꿰매고, 찢어진 옷은 새로운 천을 덧대 기워요.

→ 처음부터 튼튼한 물건을 사면, 같은 물건을 다시 살 일이 줄어요. 예를 들어, 가방을 살 때, 디자인만 보지 말고 가능한 튼튼한 제품을 골라요.

물이 곧 생명이에요

우리 몸의 약 70퍼센트는 물로 채워져 있어요. 그런데도 우리는 소중한 물을 오염시키고 낭비하고 있지요. 어떻게 해야 깨끗한 물을 잘 보존할 수 있을까요? 지혜로운 물 사용 방법을 알아봐요.

욕조 사용 대신 샤워

욕조에 물을 받아서 목욕하는 대신 간단히 샤워하면 물을 아낄 수 있어요(150리터가 아닌 50리터의 물만 사용할 수 있지요). 비누칠하는 동안에는 수도꼭지를 꼭 잠가요. 온수는 정말 필요할 때만 사용해요. 물을 데우는 데도 많은 전기가 소모되니까요.

절약 또 절약

쓸데없이 물을 틀어 놓고 있을 때가 많아요.
손 씻을 때는 필요한 물만 적당량 사용해요.
설거지할 때도 싱크대 수조에 물을 받아서 그릇을 헹구어요.
양치질할 물은 양치 컵에 담아 쓰는 습관을 들여요.
마지막으로 물을 사용한 뒤에는 반드시 수도꼭지를 잘 잠갔는지 확인해요.
종일 작은 물방울만 똑똑 새어 나가도 수십 리터 물이 낭비되니까요.

일석이조

프랑스인은 하루 평균 무려
150리터나 되는 수돗물을 사용한대요.
한국인은 그보다 많은 295리터나 되지요.
물을 아껴 쓰면 아픈 지구도 구할 수 있지만,
우리 집 가정 경제에도 큰 보탬이 될 수 있어요.

재사용

마당이나 창가에 양동이를 놓고
빗물을 모아 보세요.
양동이에 모은 물로 청소할 수도 있고,
재미난 물 풍선 놀이도 즐길 수 있지요.
채소를 씻은 물도 그냥 내버리지 말고
비슷한 방식으로 재활용하면 좋아요.

물이 곧 평화

미래에는 물이 부족할 수 있어요. 인류가 서로 부족한 물을 얻겠다며 전쟁을 벌일 수도 있지요. 무시무시한 전쟁이 일어나기를 바라지 않는다면, 지금부터라도 물을 아껴 쓰고 잘 관리해야 해요.

에너지 절약, 어렵지 않아요

집에서 에너지를 가장 많이 잡아먹는 건 바로 전기 기구예요. 집에서 손쉽게 에너지를 절약할 방법을 함께 알아봐요.

적정한 실내 온도

난방은 전체 가정 에너지 소비의 무려 40퍼센트를 차지해요. 날씨가 춥다고 보일러를 빵빵 틀어 놓으니 그럴 만도 하죠. 하지만 사람이 숙면을 취할 수 있는 가장 쾌적한 침실 온도는 17도라고 해요. 거실은 19~20도가 적당하고요. 그래도 목욕할 때 오슬오슬 몸이 떨린다면, 욕실 온도를 22도까지 올리세요.

추위를 이기는 다양한 방법

오슬오슬 추위에 떨지 않고 따뜻한 겨울을 날 방법이 있어요. 따뜻한 스웨터를 입거나, 포근한 숄을 두르거나, 보들보들한 털양말을 신는 거예요. 따뜻한 물을 가지고 다니는 것도 좋아요. 따뜻한 물로 몸도 녹이고 수분도 보충할 수 있으니까요. 마지막으로 잠자리에 들기 전 반드시 창문이 꼭 닫혔는지 확인해요. 바깥의 차가운 공기가 실내로 새어 들지 않게요.

낭비 금지!

➜ 방에서 나갈 때마다 불을 꼭 꺼요.

➜ 냉장고 문은 오래 열어 두지 않아요.
뜨거운 음식은 식혀서 넣어요.
그래야 냉장고 실내 온도가 오르락내리락하며
과도하게 에너지 소모하는 걸 막을 수 있어요.

➜ 사용하지 않는 전기 제품(컴퓨터, 오디오, 게임기 등)은
반드시 꺼요. 충전하지 않을 때는 충전기도
콘센트에서 뽑아 두고요. 그래야 전기를
더욱 아낄 수 있죠.

➜ 자는 동안에는 휴대폰을 꺼요. 전기도 아끼고,
잠도 푹 잘 수 있으니, 일석이조지요!

집을 고칠 때도 환경을 생각해요

집을 고칠 때도
친환경 재료를 이용해
환경을 존중하는 방식으로
작업해야 해요. 그게 바로
환경을 사랑하는 길이죠!

접착제는 해로워요

네. 접착제뿐만 아니라 페인트나 용해제,
니스도 똑같이 해로워요. 모두 환경과 건강에 해를 입히죠.
요즘은 친환경 제품이 정말 많이 나와 있어요.
친환경 제품은 제품 상자에 환경 마크가 찍혀 있죠.
가능하면 인증 마크가 찍힌 친환경 제품을 사용하도록 해요.

친환경 페인트는 품질도 형편없고 가격도 더 비싸요

아니요. 친환경 페인트는 일반 제품과 비교해 품질이나 가격 면에서 크게 차이가 나지 않아요. 친환경 페인트는 시간이 지나도 해로운 물질이 새어 나오지 않아요. 그래서 집 안의 공기가 해로운 물질에 오염될 위험이 없지요. 방에 페인트칠을 새로 하고 싶다면 친환경 페인트를 한번 사용해 보세요. 색상도 얼마나 다양한지 몰라요. 페인트를 칠하기 전에 벽에 바르는 도료 역시 환경에 훨씬 더 이로운 점토 성분으로 만든 것을 사용해 보세요.

공구는 사지 말고 빌려 써요

네. 드릴과 같은 비싼 공구를 새로 사는 대신 빌려 쓴다면
돈을 절약할 수 있어요. 집 고치기 공구는 일 년에 몇 번
사용할 일도 없잖아요(물론 집 가꾸기를 좋아하면 완전히
얘기가 달라지겠지만요. 하지만 그건 아주 예외적인 경우에 해당하죠).
공구를 빌려 쓰면, 평소 돈을 주고 사기 어려운 고성능 공구를
사용해 볼 기회가 생겨요. 돈도 아끼고, 안 쓰는 물건을 쌓아 두느라
집이 비좁아질 염려도 없고, 무엇보다 자연을 보호할 수 있어 참 좋지요!

뚝딱뚝딱 뚝딱 맨!

망가진 물건은 뚝딱 고쳐 쓰거나 근사한 물건으로 리폼할 수 있어요. 재미도 있고, 환경에도 좋으니 일석이조죠. 예를 들어, 낡은 종이 상자를 꾸며 상자를 예쁘게 새로 만들어 볼 수 있어요. 작은 유리병을 이용해 나만의 캔들 용기를 만들어 볼 수도 있지요.

친환경으로 식물 키우기

밭이나 꽃밭, 화분을 친환경으로 가꿀 수 있어요. 어떻게 하면 친환경으로 식물을 키울 수 있을까요? 좋은 방법을 알아봐요.

잡초는 천연 제초제로 없애요

잡초나 이끼 식물을 없애기 위해 독성이 강한 화학 제초제를 사용하지 마세요. 잡초를 없애고 싶다면 직접 손으로 뽑으면 돼요. 혹은 감자나 국수 삶은 물을 식혀서 식물에 뿌려 줘도 좋고요. 끓인 소금물 역시 효과 만점이에요.

천연 살충제도 효과가 좋아요!

쐐기풀을 이용해 나만의 천연 살충제를 만들 수 있어요. 먼저 쐐기풀을 길쭉길쭉하게 자른 다음 양동이에 넣고 물을 부어요. 양동이 뚜껑을 덮고 1~2주 정도 기다려요. 이렇게 만들어진 걸쭉한 쐐기풀을 물과 섞어 식물에 뿌려요. 그럼 진딧물을 말끔히 없앨 수 있어요. 퇴비로 사용해도 좋아요. 무당벌레로도 진딧물을 없앨 수 있어요. 무당벌레를 필요한 곳에 풀어 놓으면 되지요. 개미를 없애고 싶다면, 고춧가루를 흙 위에 뿌려 보세요. 고춧가루는 웬만한 집에는 거의 다 있을 거예요.

효과 만점, 식물 영양제

화학 비료 대신, 레드와인을 물뿌리개에 담아 식물에 뿌려 봐요. 짜잔! 아주 근사한 화초로 자라나지 않았나요? 레드와인이 없다면 야채나 달걀 삶은 물을 식혔다 뿌려 줘도 좋아요. 식물에 더할 나위 없이 훌륭한 보약이지요. 하지만 뭐니 뭐니 해도 최고의 식물 영양제는 바로 유기물 쓰레기로 만든 퇴비랍니다.

민달팽이 출입 금지!

민달팽이나 달팽이가 꼬이는 게 싫다면 식물 주변에 고운 모래 가루를 뿌리거나 톱밥을 깔아 보세요. 달팽이는 모래랑 톱밥이라면 아주 질색하거든요. 감히 식물 위로 기어오를 엄두도 내지 못할 거예요.

유기농 제품을 먹고 있나요?

"유기농 제품을 먹으면 자연을 보호할 수 있어요. 그만큼 살충제나 화학 제품을 줄이는 데 보탬이 되니까요. 게다가 건강에도 훨씬 더 이롭지요."
조안, 11살

공장식 농업을 벗어날 방법은 정말 많아요.
하지만 뭐니 뭐니 해도 최고의 방법은 현지에서 유기농으로 재배한 제철 농산물을 사 먹는 거예요.

"유기농 마크는 아예 없어져야 해요. 유기농이 정상적인 농법이니까요. 오히려 유기농이 아닌 제품에 마크를 붙이는 게 옳아요. 공장식 농업이나 살충제를 뿌려 생산한 사과, 색소를 잔뜩 쏟아부은 사탕. 오히려 이런 제품에 큼지막한 마크를 붙여 구분해야 하죠. 사람들이 한눈에 알아볼 수 있도록 말이에요."
아누크, 13살

"한겨울에 딸기는 먹지 마세요. 수천 킬로미터 떨어진 곳에서 운송되기 때문에 온갖 환경 오염의 주범이 되거든요. 장을 볼 때는 미리 엄마 아빠와 제철 과일이나 채소 목록을 쭉 살펴보세요. 봄에는 딸기, 아스파라거스, 냉이가 나고요. 여름에는 복숭아, 살구, 호박이 싱싱해요. 가을에는 사과, 포도, 당근이 좋고요. 겨울에는 배추, 감자, 귤이 제철이지요."

나타나엘, 10살

"사람들은 유기농이 비싸다고 말해요. 하지만 집에서 가격을 알아보니 브랜드 제품보다 싼 경우도 정말 많더라고요."

레아, 12살

유기농 제품은 어떻게 알아볼까요?

아주 간단해요. 유기농 인증 마크가 붙어 있는지 확인하면 되죠. 우리나라 유기농 제품에는 초록색 바탕에 '유기농'이라는 글자가 찍힌 인증 마크가 붙어 있어요. 유기농 제품은 전 세계적으로 조금씩 늘어나는 추세지만, 여전히 많지 않아요. 앞으로 유기농 제품이 더욱 늘어날 수 있도록 우리 모두 힘을 보태 봐요.

쇠고기가 환경에 미치는 황소 같은 효과

고기가 환경에 미치는
영향에 관해
이미 귀가 닳도록
들어 봤을 거예요.
그런데 왜 고기가 환경 오염의
중요한 쟁점이 되었는지
짚어 볼까요?

고기를 먹으면 환경이 오염돼요

고기를 얻기 위해 가축을 키우는 과정에서
심각한 환경 오염이 발생해요. 특히, 쇠고기의 경우가
가장 심각하죠. 축산업은 지구 온난화나
산림 파괴(가축에게 줄 사료를 재배하기 위해
숲의 나무를 베어 내요) 등을 일으켜 환경에
막대한 피해를 줘요. 너무 많은 물을 끌어다 쓰거나,
하천을 오염시키는 주범이 되기도 하고요.
게다가 공장식 축산업은 상당히 야만적이에요.
가축을 비좁은 우리에 가둬 혹독한 환경에서
기르니까요. 매년 도살되는 가축이
750억 마리(어떤 사람들은 1500억 마리까지
도살된다고 말하기도 해요)에 달한다는 사실을
혹시 아나요? 정말 어마어마하죠.

고기를 꼭 먹어야 하나요?

고기를 적당량만 먹는다면 몸도 튼튼해지고 참 좋아요.
하지만 고기를 먹지 않아도 필요한 단백질을 충분히 섭취하며
균형 잡힌 식사를 할 수 있어요. 수백만 명에 달하는 채식주의자가 그 좋은 예죠.
오히려 고기를 지나치게 많이 먹으면 건강에 해로울 수 있어요.
고기를 엄청나게 좋아하는 친구라면, 적당량만 먹도록 노력해 보세요.
매 끼니 고기를 찾으면 곤란해요.

고기의 질은 높이고, 고기양은 줄이고

우리가 모두 고기를 완전히 끊고 채식주의자가 될 필요는 없어요.
질 좋은 고기를 먹는 방법도 있거든요.
친환경 농가는 가축을 넓은 들에 풀어 놓고 키워요.
가축이 한가로이 풀을 뜯어 먹고 자라나기 때문에
스트레스를 받을 일이 적지요. 우리는 이런 친환경 농가를
도와야 해요. 지금과 같은 공장식 축산 대신, 동물을 더욱 존중하는
친환경 축산업이 발전할 수 있도록 우리 모두 힘을 보태 봐요.

건강이 곧 환경이에요

지구를 병들게 하는 것은
우리의 건강에도 나빠요.
그래서
친환경 생활이 필요하죠.
친환경 생활이
왜 좋은지 알아봐요.

몸이 건강해져요

친환경 생활은 여러 가지로
이로운 점이 많아요. 먼저 두 발로 열심히 걷거나,
자가용 대신 자전거를 타는 시간이 늘어나면 날수록
신체 활동이 증가해서 몸이 건강해져요.
또, 친환경 방식으로 집을 고치거나 식물을 키우면
오염 물질을 접할 위험이 확 줄어들어요.
거기에 균형 잡힌 식사를 하면 훨씬 더 **건강한** 삶을
즐길 수 있답니다.

정신이 건강해져요

실내를 적정 온도로 맞추고 숙면을 취하면, 다음 날 상쾌한 기분으로 아침을 맞이할 수 있어요.
집에 틀어박혀 컴퓨터 게임(게임기는 전기를 잡아먹는 하마예요)을 즐기는 대신
친구나 가족과 밖에 나가 놀도록 해요. 좋은 추억을 쌓을 수 있고,
더 신나고 행복한 시간을 보낼 수 있어요.

알고 있나요?

담배 재배는 환경에 나쁜 영향을 미쳐요. 담배를 재배할 때 엄청난 양의 비료나 살충제를 사용하기 때문이지요. 또한, 담배를 재배할 땅을 얻기 위해 매년 20만 헥타르의 숲이 파괴돼요. 담배를 재배하면 토양이 척박해져요. 그래서 땅이 쉽게 침식되거나 열대 지역에서는 홍수가 일어날 위험이 커져요. 지구 온난화도 더욱 심해지고요. 게다가 담뱃잎을 말리려면 나무를 연료로 사용해야 해요. 담배 300개비를 만들려면 나무 한 그루를 전부 태워야 해요. 어디 그뿐인가요? 담배꽁초가 완전히 분해되기까지는 1~2년이란 오랜 시간이 걸려요. 담배는 건강에만 나쁜 것이 아니라, 환경에도 정말 해로운 영향을 미치는 셈이에요.

지구를
지키는
에코 시민이
되려면?

나는 어떤 소비자 일까요?

1. 친한 친구가 최신 휴대폰을 샀다고 하면 어떤 기분이 드나요?

★ 친구의 휴대폰이 너무 멋져 보여요. 나도 얼른 부모님께 같은 휴대폰을 사 달라고 졸라야겠다고 생각해요.

❀ 살짝 질투가 나요. 크리스마스 때 받을 선물 목록에 그 휴대폰을 추가해요.

✿ 친구의 휴대폰이 근사해 보여요. 하지만 그 휴대폰이 없다고 불행하다고 느껴지지는 않아요.

2. 할인 판매 소식을 들으면 어떻게 행동하나요?

✿ 그다지 필요한 것도 없는데 엄마가 왜 쇼핑 가자고 하는지 이해가 안 돼요.

★ 부모님께 최신 유행 상품을 판매하는 가게에 데려가 달라고 졸라요.

❀ 새 신발을 사고 싶지만, 사촌에게 물려받은 신발도 그리 나쁘지 않다고 생각해요.

3. 친구가 자기 방에 개인 텔레비전이 있다고 자랑하면 어떤 기분이 드나요?

★ 친구는 정말 좋은 부모님을 둔 행운아라는 생각이 들어요.

❀ 그게, 뭐? 그냥 침대에 누워 읽던 책이나 마저 읽어요.

✿ 개인 텔레비전도 좋지만, 지금처럼 거실에서 고양이와 함께 텔레비전을 보는 것이 훨씬 더 좋다고 생각해요. 또, 동생과 재미난 광고를 보며 함께 낄낄거릴 수도 있잖아요.

4. 꿈에 그리던 비디오 게임을 사촌이 샀다는 소식을 들으면 어떤 생각이 드나요?

☼ 와 너무 멋진걸. 얼른 사촌 집에 가서 함께 게임을 하자고 하거나, 하루만 게임기를 빌려 달라고 부탁해야겠다고 생각해요.

❀ 부모님께 지금 가진 게임기를 인터넷에 올려 새로운 중고 게임기와 교환하거나 게임기를 판매한 돈으로 다른 중고 제품을 사 달라고 말해요.

★ 사촌이 나보다 먼저 게임기를 사서 화가 나요. 무슨 수를 써서라도 얼른 새 게임기를 장만해야겠다고 생각해요.

가장 많이 선택한 항목의 수를 한 번 세어 보세요

가장 많이 선택한 것 ★ : 새로운 물건을 가지고 싶은 욕망이 매우 강한 사람이에요. 새로운 물건을 사기 전에 한 가지만 먼저 생각해 보세요. 정말 그 물건을 사면 행복해질까요?

가장 많이 선택한 것 ❀ : 합리적인 소비자예요. 정말 필요한 물건과 쓸데없는 물건을 잘 구분할 줄 알죠.

가장 많이 선택한 것 ☼ : 미처 깨닫지 못했겠지만, 이미 훌륭한 환경주의자예요, 그렇지 않나요?

과소비는 이제 그만 멈춰요!

합리적인 소비자조차 많은 상품을 소비하고 낭비하며 살아가요. 온갖 불필요한 상품의 유혹을 잘 이겨 내지 못하죠. 얼마나 현대인이 과소비가 심한지 통계 수치를 통해 알아볼까요?

매년 전 세계에서 스마트폰, 태블릿 피시, 데스크톱 컴퓨터가 무려 22억 대씩 불티나게 팔려 나가요. (2019년 기준)

프랑스에서는 매년 크리스마스에 장난감과 게임기가 6100만 개씩 팔려 나가요

아이 한 명이 평균 6개 이상의 선물을 받는다고 볼 수 있죠. 크리스마스에 물건이 아닌 다른 선물을 받아보는 건 어떨까요? 예를 들어, 좋아하는 가수의 콘서트 같은 거요. 너무 근사하지 않나요?

광고가 끊임없이 우리를 유혹해요

우리는 날마다 어마어마한 광고를 원하든 원하지 않든 간에 보게 되어요. 광고의 목적은 오로지 사람들이 물건을 사도록 유혹하는 것뿐이에요. 우리를 몹시 만만한 소비자로 보는 셈이죠. 슬슬 기분이 나빠지려 하지 않나요?

속임수 아닌가요?

'계획적 진부화'라는 말을 들어 본 적이 있나요? '진부화'란 어떤 물건이 구식으로 변하는 걸 뜻해요. '계획적'은 미리 정해진 생각에 따라 진행한다는 의미고요. 기업은 끊임없이 신제품을 사라고 소비자를 유혹하는 광고를 내보내요. 새로운 게임기를 꾸준히 시장에 출시해 멀쩡한 물건을 새것으로 바꾸도록 유혹하죠. 어디 그뿐인가요? 아예 기업이 처음부터 계획적으로 제품의 내구성을 약하게 만들기도 해요. 애당초 튼튼하지 않은 재료로 제품을 만드는 거죠. 그래야 제품이 오래가지 못할 테고, 그만큼 소비자가 금세 새 제품으로 바꿀 테니까요. 국가는 법으로 기업의 비양심적인 행동을 막기 위해 노력하고 있지만, 여전히 이런 행태는 사라지지 않고 있어요.

쓸데없는 물건이 줄면, 좋은 만남이 늘어요

갖고 싶어 미칠 것만 같은 물건이 있나요?
그렇다면 유혹에 넘어가기 전에
한 가지만 스스로 물어봐요.
'정말 내게 꼭 필요한 물건일까?'

상황에 맞게 소비해요

지금 이 허리띠와 가방, 게임기가 정말로 필요한가요?
나 혼자만 이 물건이 없다면 괴로울 수 있어요.
하지만 이 물건을 가지지 못한다고 세상이 무너져 내릴까요?
정말 중요한 것은 자신의 상황에 맞게 합리적으로
소비하는 거예요. 소비를 향한 현대인의 무한 경쟁에
동참하기를 한번 거부해 보세요. 아마도 자신이
무척 강한 사람처럼 느껴지면서 뿌듯한 마음이 들 거예요.

소비하지 않아도 행복해요

소비를 줄이면 행복이 늘어나요. 인생에서 가장 중요한 것에만 집중하게 될 테니까요. 어떤 사람들은 이걸 '행복한 소박함'이라는 말로 표현해요. 물론 유혹을 이겨 내기란 여간 어려운 일이 아니에요. 하지만 신제품의 유혹에 넘어가지 않는 것이 지구를 구하는 길이라는 걸 꼭 명심하세요.

현실 세계는 정말 멋져요

텔레비전, 스마트폰, 유튜브, 에스앤에스를 즐기는 데 들어가는 시간을 조금만 줄여 보세요. 그러면 주변 사람들과 더욱 즐겁게 지낼 수 있어요. 현실 세계에서 심장은 나의 배터리가 되어 주고, 두뇌는 하드 디스크, 피부는 터치스크린이 되어 주죠. 만약 오후 시간을 밖에서 신나게 뛰어논다면, 그만큼 전기 사용이 줄어요. 그럼 환경 오염도 줄겠죠.

물물교환은 환경 친화적인 활동이에요!

친구끼리 서로 옷을 바꿔 입거나 게임기를 빌려 쓰는 것은 환경 친화적인 활동이에요. 지구에 전혀 해를 끼치지 않으니까요. 생일이나 명절에 서로 물건을 주고받는 대신, 좋은 추억을 선물해 보는 건 어떤가요? 어버이날에 부모님을 근사한 식당에 모시고 가거나, 어머니께 피부 관리 서비스를 받게 해 드리는 거예요.

패션도 이제는 친환경으로!

"제 옷장은 유기농 면과 마 제품으로 가득해요. 옷에 붙은 라벨을 보면 유기농 제품인지 아닌지 손쉽게 확인할 수 있지요."

오드레, 9살

"잔칫집이나 결혼식에 갈 때 새 옷을 장만하는 대신 친구에게 예쁜 드레스나 장신구를 빌려요. 물론 저 역시 친구에게 빌려줄 때도 많고요."

샤를로트, 13살

> 유기농 천연 소재로 만든 옷을 입으세요.
> 그리 어려운 일이 아니랍니다.
> 혹은 손수 멋진 의상을 만들어 입어 보는 건 어때요?
> 정말 근사하지 않나요?

"저는 옷을 직접 만들어 입기를 좋아해요. 할머니의 도움을 받아, 낡은 옷을 리폼하거나 작은 치마를 손봐서 입죠. 저만의 개성이 톡톡 살아 숨 쉬는 공짜 친환경 패션이라고나 할까요."

로젠, 14살

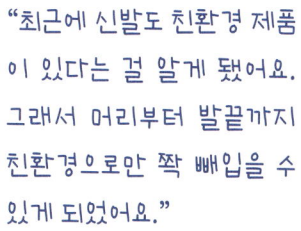

"최근에 신발도 친환경 제품이 있다는 걸 알게 됐어요. 그래서 머리부터 발끝까지 친환경으로만 쫙 빼입을 수 있게 되었어요."

파투마타, 13살

알고 있나요?

금이나 다이아몬드 같은 보석을 캐는 동안에도 환경이 심하게 오염돼요. 수천 톤에 달하는 흙을 마구잡이로 파내거나, 독성 물질이 땅이나 하천으로 흘러 들어가기도 하죠. 다행히 어떤 패션 디자이너들은 재생지나 곡물, 구운 진흙 같은 친환경 재료로 장신구를 만들어요. 세상에 단 하나뿐인 개성 넘치는 장신구인 셈이죠.

엄마나 할머니께 쓰지 않는 금은 장신구가 있는지 물어보세요. 낡은 장신구를 들고 전문가를 찾아가 녹이면 근사한 새 장신구를 만들 수 있어요. 새 제품을 살 때보다 훨씬 더 저렴하죠. 게다가 돈만 아낄 수 있는 게 아니에요. 환경에도 더할 나위 없이 좋지요.

교통수단, 환경을 생각하며 이용해요

옛날 사람들은
두 발로 걸어 다니거나
말을 타고 이동했어요.
환경 오염 문제로
고민할 일이 전혀 없었죠.
말똥이 조금 골칫거리였을지는
모르겠네요.
하지만 오늘날은 어떤가요?
교통수단에 관한 몇 가지
오해와 진실을 알아봐요.

자동차와 비행기는 환경 오염의 주범이에요

네. 자동차와 비행기는 지구 온난화의 주범인 온실가스를 내뿜어요. 환경을 생각한다면 비행기 대신 기차를 타는 게 더 낫지요. 자가용을 타는 대신 대중교통이나 자전거를 이용해도 좋고요. 목적지가 같은 사람의 차를 함께 타는 카풀도 좋은 방법이에요. 그리고 자동차 속도를 줄이면 그만큼 오염 물질도 더 적게 배출된다는 사실도 잊지 마세요.

대중교통이 곧 친환경이에요

네. 꼭두새벽부터 버스를 타는 건 참 귀찮은 일이죠. 부모님이 꼬박꼬박 자가용으로 학교에 데려다주는 친구들을 보면 부러운 마음도 들어요. 하지만 그럴 때마다 지구를 위한 일을 하고 있다고 생각하세요. 또, 대중교통을 이용하면 같이 탄 친구들과 즐거운 시간을 함께 보낼 수도 있잖아요.

도심에서는 자동차가 자전거보다 더 빨라요

아니요. 보통은 자전거가 더 빨라요. 자동차를 타면 도로가 꽉 막혀 옴짝달싹 못 할 가능성이 크니까요. 하지만 자전거는 조심해서 타면 길이 막혀도 문제없어요. 게다가 자전거를 이용하면 건강까지 덤으로 챙길 수 있지요.

요즘 자동차에 설치된 에어컨은 예전보다 환경 오염이 덜해요

아니요. 자동차 설계자가 열심히 머리를 짜내며 연구하고 있지만, 여전히 자동차에 설치된 에어컨은 환경에 해로워요. 에어컨에서 배출된 가스는 지구 온난화를 일으키는 주범이죠. 게다가 에어컨을 켜고 달리면 그만큼 기름도 더 빨리 소모돼요. 그러니까 에어컨은 찜통처럼 푹푹 찌는 무더운 날씨에만 사용하도록 해요.

지속가능한 에너지를 사용해요

어떤 에너지는
다른 에너지보다
상대적으로
오염이 덜해요.
하지만
아무리 오염이 덜한
에너지라고 해도
마구 낭비하지 않도록
주의해야 하죠.

풍력 에너지

차를 타고 가다가 거대한 흰색 선풍기 날개가
바람에 천천히 돌아가는 모습을 본 적이 있을 거예요.
그게 바로 풍력 발전기예요. 바람의 힘을 이용해
전기를 만들어 내죠. 하지만 풍력 발전기가 도는 동안,
주위를 날아다니던 새나 박쥐가 날개에 충돌하는 사고가
발생하기도 해요. 그래서 풍력 발전기를 설치할 장소는
미리 꼼꼼히 잘 따져 보고 골라야 하죠.
철새가 지나다니는 길은 피해야 하고요.

지열 에너지

열펌프를 이용해 땅속 열기를 흡입할 수 있어요. 친환경적인 방법으로 지구 깊은 곳의 열을 이용해 전기를 생산하거나 난방을 할 수 있지요.

태양 에너지

태양 전지판이나 집열기를 설치하면, 햇빛을 전기와 열로 바꾸거나 물을 뜨겁게 데울 수 있어요. 태양이 빛을 내는 한 절대 에너지가 고갈될 위험이 없지요. 아프리카에서는 이미 많은 사람이 태양 에너지를 사용하고 있어요.

물 에너지
(수력 에너지와 조력 에너지)

물이 운동하는 힘을 이용해 에너지를 만들 수 있어요. 아마도 강 위에 설치된 거대한 댐을 본 적이 있을 거예요. 바로 그 댐을 이용해 에너지를 만들어 내요. 바다도 예외는 아니에요. 파도나 밀물과 썰물(조력 에너지)의 움직임을 이용해 전기를 생산할 수 있어요. 조력 에너지는 아직 널리 사용되고 있지 않아요. 하지만 앞으로 무궁무진하게 개발할 수 있는 에너지원이랍니다.

서로서로 배려해요!

혹시 다른 사람을 배려하는 마음이 부족하지는 않았나요? 이제부터라도 조금만 더 서로를 살피는 마음을 가져 보면 어떨까요?

지구를 보호하면 가난한 사람에게 도움이 돼요

가난한 사람은 환경 위험에 가장 많이 노출돼 있어요. 인간은 숲을 밀어내며 자연환경을 훼손하고 있어요. 미래 세대에게 남겨야 할 자원까지 마구 개발하기도 하고요. 부유한 사람은 불필요한 물건을 지나치게 많이 소비해요. 하지만 과소비가 가난한 사람에게 미칠 영향에 대해서는 잘 알지 못하죠.

부자 나라가 환경 오염의 주범이라고요?

그동안 미국, 독일, 캐나다, 프랑스 같은 부유한 나라는 가장 많은 오염 물질을 배출했어요. 그래서 부자 나라는 전통적으로 환경 오염의 주범으로 손꼽히죠. 하지만 최근에는 부자 나라 뿐만 아니라, 세계에서 가장 인구가 많은 나라인 중국이나 인도 혹은 브라질같이 조금 덜 부유한 나라들 역시 환경에 막대한 피해를 주고 있답니다.

무역이 불공정하다고요?

꼭 그렇지만은 않아요. '공정 무역'이라는 이름의
또 다른 무역도 있거든요. 공정 무역은 공정성을 추구해요.
생산자가 한 일에 합당한 가치를 매겨 주고,
모두가 인간적인 환경에서 일할 수 있도록 마음을 쓰지요.
환경 문제에도 각별한 관심을 기울이고요.
그래서 공정 무역 제품은 대부분 유기농이 차지하죠.
아마도 커피나 바나나에 '공정 무역'이라는
인증 마크가 붙어 있는 걸 본 적이 있을 거예요.

음악   미술   사상   법

책임을 다해 환경 사랑을 실천하는 세상

물건을 만드는 기업이나 돈을 다루는 금융계는 생물 종의 멸종과 지구 온난화에 큰 책임이 있어요. 이런 현실은 반드시 바뀌어야 해요. 조금 더 자세히 알아볼까요?

끝없이 소비를 부추겨요

세상은 언제나 더 많은 물건을 사라고 유혹해요. 특히, 광고는 매 순간 소비를 참아 내기 힘들게 만들죠. 상품을 만드는 사람과 상품을 판매하는 사람 그리고 이들에게 돈을 빌려주는 은행의 목적은 단 한 가지예요. 바로 돈을 버는 것이죠. 이처럼 우리는 가난한 사람이나 지구 환경에는 전혀 관심이 없는 소비 사회를 살아가고 있어요. 하지만 소비자인 우리가 동참하고 있기에 소비 사회도 가능하다는 사실을 절대 잊지 말아야 해요.

환경을 생각하는 은행도 있어요

드물지만 어떤 은행은 시민들이 나쁜 사업에 투자하는 걸
곱지 않은 시선으로 바라봐요. 그래서 투자할 때 조금 더 환경에 보탬이 되려고
노력하죠. 환경에 나쁜 영향을 미치는 사업에는 절대 투자하지 않는 거예요.
하지만 정말로 환경을 사랑하는 은행이 맞는지 알아보려면 매의 눈이 필요해요.
겉으로는 환경을 생각하는 척 좋은 이미지를 꾸미는 은행도 많거든요.
우리에게는 선택의 자유가 있어요. 위와 같은 기준에 맞는 은행을 고를 권리가
충분히 있지요. 그러니까 계좌를 만들 때, 먼저 환경을 사랑하는 은행인지 아닌지
꼼꼼히 따져 보는 것은 어떨까요?

무분별한 개발을 막기 위해

동식물이나 자연에 가격을 매기려는 은행이 점점 늘어나고 있어요. 예를 들면 미국의 '환경 보호 은행'이 대표적이지요. 멸종 위기에 처한 생물 종이나 동식물의 서식지를 보호하는 일에 자금을 지원하는 주식을 판매하는 은행이에요. 자연을 개발하기를 바라는 기업은 이런 종류의 펀드에 투자해 자연을 보호하려는 노력을 인정받아야 법으로 제한된 자연을 개발할 권리를 얻을 수 있어요. 이런 걸 '보상 조치'라는 그럴싸한 이름으로 불러요. 이런 새로운 종류의 상품 덕분에 어쩌면 기업은 마음의 짐을 조금 덜 수 있을지 몰라요. 하지만 조금만 더 깊이 생각해 보면 대체 돈을 주고 자연을 개발할 권리를 산다는 게 말이 되는 이야기인가요?

자연을 보호하는 직업이라고요?

"우리 베르트랑 삼촌은 환경 단체에서 독수리를 보호하는 일을 해요. 자연을 연구하는 박물학자이지요. 동물과 식물에 대해서라면 모르는 게 없는 척척박사랍니다."
샤를로트, 13살

"우리 아버지는 대기 오염을 분석하는 공학자세요. 대기 오염 정도를 감시하는 일을 하시죠."
루이, 13살

유기 농법으로
농사짓는 농부에서,
환경 공학자, 환경 공무원,
프리랜서 환경 운동가에
이르기까지, 자연 보호를 위해
봉사하는 직업은
수도 없이 많아요.
종류도 정말 다채롭지요.

"저는 자연공원에서 말을 타고 순찰하는 경비원이 되고 싶어요. 말하자면 자연 지킴이라고도 할 수 있죠. 자연을 훼손하는 사람이 없는지 매의 눈으로 감시할 거예요."

롤라, 9살

"저는 사촌을 따라 생태 환경 교육가가 되고 싶어요. 사람들에게 환경이 무엇인지, 어떻게 하면 환경을 보호할 수 있는지 알려 주는 일을 할 거예요. 특히, 생태 환경 교육가는 아름다운 자연 속에서 일할 때가 많아 매력적이에요!"

에탕, 12살

"우리 형은 친환경 집을 짓는 방법을 배우는 교육을 받고 있어요. 나중에 저를 위해서도 근사한 친환경 집을 한 채 꼭 지어 주면 좋겠어요!"

아망딘, 11살

직접 발로 뛰는 환경 단체

정치인은 환경 문제에 그다지
큰 관심을 기울이지 않을 수 있어요.
하지만 수많은 환경 단체가 세상을 바꾸기 위해
열심히 발로 뛰고 있지요.

오늘날 다양한 단체가 환경 보호에 앞장서고 있어요.

➔ 먼저 지구 전체의 환경 보호를 위해 활동하는 단체가 있어요.
'그린피스'를 한 예로 들 수 있어요.

➔ **동물이나 동물의 서식지**를 보호하는 일에 힘쓰는 단체도 있어요.
'세계 자연 기금(WWF)'이 대표적이지요.

➔ **지역** 자연을 보호하는 일에 앞장서는 단체도 있어요.
프랑스 아키텐 지역을 위해 일하는 '세판소(Sepanso)'라는 이름의 단체지요.

➔ 마지막으로 계획적 진부화나 환경 오염 문제를 고발하거나,
상품의 품질을 개선하는 일에 앞장서는 **소비자** 단체도 빼놓을 수 없어요.
프랑스의 '크세주 슈아지르', 한국의 '녹색 소비자 연대' 등이 있어요.

그 이외에도 환경을 위해 일하는 단체는 수도 없이 많아요. 나와 같은 목표를 추구하는 단체를 우리 스스로 찾아볼 수 있어요. 시민 단체에 가입하면 우리 스스로 세상을 바꾸고, 더 나은 세상을 여는 데 힘을 보탤 수 있어요. 회원이 많으면 많을수록 단체의 발언권은 더 세져요. 시민 단체 가입은 어린이 여러분이 가장 직접적으로 사회를 위해 일할 수 있는 방법이에요.

사람들의 말에 귀 기울여요

때로는 시민 단체의 힘만으로 부족할 때가 있어요. 정말 중요한 것은 시민의 직접적인 참여와 사람들의 의식을 깨우기 위한 적극적인 활동이죠. '그레타 툰베리'라는 이름을 들어 본 적이 있나요? 지금 당장 환경 문제를 해결하기 위한 정책을 도입하라며 목소리를 높인 열성적인 스웨덴 출신의 소녀 환경 운동가지요. 물론 환경 문제에 별 관심이 없는 어른들은 처음에 그녀의 말을 그다지 귀담아듣지 않았어요. 하지만 툰베리가 열심히 노력한 덕분에 오늘날 지구촌의 더 많은 사람이 그녀의 메시지에 비로소 귀를 기울이게 됐지요.

지구의 미래가 우리 손에 달려 있어요

우리의 작은 행동 하나하나가 매우 중요해요. 세상을 바꿀 힘이 되니까요. 우리 당장 행동에 나서요!

이미 세상의 변화가 시작됐어요

눈을 크게 뜨고 주위를 한번 둘러보세요. 아마 어디선가 잔디가 깔린 옥상 정원을 본 적이 있을 거예요. 어려운 말로 '옥상 녹화'라고 부르지요. 요즘 친환경 마을에 가면 이런 옥상 정원을 심심치 않게 찾아볼 수 있어요. 게다가 친환경 마을 자체도 예전보다 점점 더 많아지고 있지요. 환경을 생각한 도시 개발에 관심 있는 도시들이 점차 늘어나고 있거든요.

변화가 일어나고 있어요

먼저 슈퍼마켓부터 살펴볼까요? 슈퍼마켓 상품 진열대에 유기농 제품이 늘어나고 있어요. 10여 전만 해도 유기농 제품은 아예 구경조차 할 수 없었는데 말이죠. 농산업 활동이 활발한 지역에 가 보면 유기농 협동조합이 점점 더 많아지는 추세예요. 시장에 가 봐도 소규모 유기농 생산자가 만든 농산물을 더 자주 볼 수 있고요. 마지막으로 간소한 삶을 추구하려는 사람이 늘어나고 있어요. 많은 사람이 이제는 상품 소비나 인터넷 소셜 미디어에서 보내는 시간을 줄이고, 현실의 삶을 즐기려고 노력하고 있어요. 지금보다 더 공정한 세상, 서로서로 돕는 따뜻한 세상을 만들어 나가기를 희망하죠.

우리 모두 최선을 다해요

사실 지금의 변화는 느려도 너무 느려요.
하지만 우리 모두 다 함께 세상을 바꾸기 위해 진정으로 힘을 합친다면
분명 지구를 구할 수 있어요. 서둘러야 해요.
지금이 아니면 영영 기회는 다시 오지 않을 거예요.

당장, 실천에 나서요!

알아 두면 좋은 온라인 사이트

깜짝 놀랄 수 있어요

'글로벌 생태 발자국 네트워크' 홈페이지를
한번 방문해 보세요.
나와 우리 가족이 남긴 생태 발자국을
직접 계산해 볼 수 있어요.

www.footprintnetwork.org

우리가 얼마나 낭비가 심한 소비자인지
아마 상상조차 하지 못할 거예요.
결과를 보는 순간 기절할지도 몰라요!

꼭 방문해 봐요!

정확한 환경 정보와 실천 방법을 얻을 수 있는 환경 단체의 온라인 사이트를 알아봐요.

지구의 벗(FoE: Friends of the Earth)
www.foei.org

지속가능한 사회를 지향하며, 환경 보호 활동을 펼쳐요. 1971년 미국, 스웨덴, 영국, 프랑스 단체의 연합으로 설립된 국제 환경 단체예요. 현재 전 세계 75개국 단체가 속해 있으며, 우리나라 '환경 운동 연합(kfem.or.kr)'이 2002년 지구의 벗 한국 지부로 가입하여 국민의 관심과 실천을 위해 열심히 일하고 있어요.

세계 자연 기금(World Wildlife Fund)
www.wwfkorea.or.kr

세계의 야생 동물 및 원시적 환경을 보호하기 위해 노력해요. 1961년 스위스에서 설립되었어요. 인간과 자연의 조화로 만들어진 미래를 꿈꿔요. 우리나라는 10년 동안 활동을 지속해 왔으며, 2014년 공식적으로 한국 본부가 설립되었어요.

그린피스(GREEN PEACE)
www.greenpeace.org/korea

지구의 환경을 보존하고 세계 평화를 증진을 위해 노력해요. 1971년에 만들어졌어요. 독립적이고 평화적인 환경 운동을 추구해요. 동아시아에서는 1977년부터 활동을 시작하였으며, 우리나라에 널리 알려진 환경 단체예요.

용어 설명

시민
한 사회를 구성하는 사람으로, 투표권 등 다양한 권리를 누리며 법률 준수와 같은 다양한 의무를 져요.

피임
남자와 여자가 아기가 생기지 않도록 예방하는 방법이에요.

제초제
잡초를 없애는 데 사용하는 화학 제품이에요.

살충제
작물의 성장을 방해하는 해충을 없애 주는 제품이에요.

농약
농작물 재배에 사용되는 각종 화학 제품을 말해요.

환경 오염
유해 물질을 발생시키거나, 다양한 종류의 피해를 줘, 환경을 파괴하는 행위를 뜻해요.

재활용
쓰레기를 재사용하거나 다른 형태로 가공하는 행위를 의미해요.

환경 보호를 위한 마지막 조언!

이따금 환경 보호에 앞장서는 일이 몹시도 무의미하게 느껴질 수 있어요. 어느 날 문득 망망대해를 홀로 떠다니는 작은 물방울이 된 듯한 기분에 휩싸이기도 하지요. 때로는 "이게 다 무슨 소용이야?"라며 혼잣말할 수도 있어요. 또 때로는 "혼자 그렇게 열심히 해 봐야 모두 헛수고야!"라는 따끔한 충고를 듣기도 해요. 이럴 때면 아마도 기운이 쏙 빠질 거예요. 하지만 누구나 경험할 수 있는 자연스러운 감정이에요. 이런 감정을 느낀다면, 무조건 이것 한 가지만 기억해요. 아무리 거대한 바다라고 할지라도 결국 작은 물방울이 모여 만들어졌다는 걸요. 작은 물방울 하나하나가 존재하는 덕분에 드넓은 바다도 존재할 수 있어요.

웃으며 지구를 지키는
어린이 에코 시민 가이드

1판 1쇄 발행일 2022년 1월 25일 1판 2쇄 발행일 2022년 11월 18일

글쓴이 엘리즈 루소 그린이 로베르 옮긴이 허보미
펴낸곳 (주)도서출판 북멘토 펴낸이 김태완
편집주간 이은아 편집 김경란, 조정우 디자인 키꼬, 안상준 마케팅 이상현, 민지원, 염승연
출판등록 제6-800호(2006. 6. 13.)
주소 03990 서울시 마포구 월드컵북로6길 69(연남동 567-11) IK빌딩 3층
전화 02-332-4885 팩스 02-6021-4885
🏠 bookmentorbooks.co.kr ✉ bookmentorbooks@hanmail.net
📷 bookmentorbooks__ f bookmentorbooks

ISBN 978-89-6319-471-4 73400

※ 잘못된 책은 바꾸어 드립니다.
※ 이 책은 저작권법에 따라 보호를 받는 저작물이므로 무단 전재와 무단 복제를 금합니다.
※ 이 책의 전부 또는 일부를 쓰려면 반드시 저작권자와 출판사의 허락을 받아야 합니다.
※ 책값은 뒤표지에 있습니다.

 인증 유형 공급자 적합성 확인 **제조국명** 대한민국 **사용 연령** 8세 이상
KC마크는 이 제품이 공통안전기준에 적합하였음을 의미합니다.
종이에 베이거나 책 모서리에 다치지 않도록 주의하세요.